HOMMAGE

RENDU A LA VÉRITÉ,

Sur la Tombe de feu Messire ELÉONORE-MARIE DESBOIS-DE-ROCHEFORT, Docteur de la Maison et Société de Sorbonne, ancien Évêque d'Amiens, le Lundi 7 Septembre 1807, au moment même de l'Inhumation dans le Cimetière de Montmartre;

Précédé d'une courte NOTICE sur les Obsèques de ce Prélat.

Par M^r. G. MAUVIEL,

ANCIEN ÉVÊQUE DE SAINT-DOMINGUE.

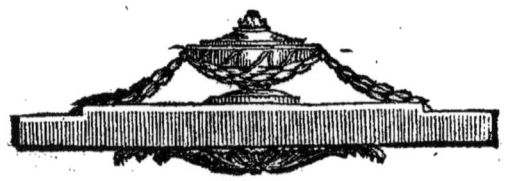

A PARIS,

De l'imprimerie de FARGE, cloître Saint-Benoit, N° 2.

1807.

NOTICE

Sur les Obsèques de l'ancien Evêque d'Amiens.

Messire Eléonore-Marie Desbois-de-Rochefort, ancien Evêque d'Amiens, étant mort à Paris, dans son domicile, le samedi 5 septembre 1807, son corps fut exposé publiquement le 7 du même mois, au matin, dans une Chapelle ardente pratiquée sous la porte principale de son hôtel, rue des Bernardins, n° 9. On remarquait sur son cerceuil, la croix pectorale, la mitre, la crosse et l'étole pastorale. Un crêpe noir était attaché à la crosse, un autre entourait la mitre.

A midi précis, le cortège sortit de l'hôtel pour se rendre à l'Eglise paroissiale de Saint-Nicolas-du-Chardonnet. La rue des Bernardins et l'Eglise étaient remplies de fidèles accourus pour assister à cette pompe funèbre, à cette pieuse et touchante cérémonie.

Quatre hommes, en habit de deuil, portaient

la dépouille mortelle du Prélat, de sa maison à l'Eglise paroissiale.

Quatre Evêques tenaient les coins du drap mortuaire, et trois autres marchaient aux deux côtés du cercueil.

L'Ordonnateur des Convois suivait immédiatement le corps; un Maître de cérémonie, et deux Officiers pour porter, l'un la mitre et l'autre la crosse, sur deux carreaux richement brodés en argent, marchaient après l'Ordonnateur.

Le cortège venait ensuite: il était composé des Parens du défunt, de plusieurs estimables Ecclésiastiques et Prêtres, d'un grand nombre d'Amis, et d'une multitude de Fidèles des deux sexes.

Le corbillard drappé, garni de broderies, et de franges d'argent, et attelé de quatre chevaux, avec six autres voitures de deuil fermaient la marche.

Le vénérable Hure, Curé de Saint-Nicolas-du-Chardonnet, précédé de la croix, et accompagné de son Clergé, vint recevoir le corps à la principale porte de l'Eglise. Le cortège, après avoir fait la procession dans l'intérieur, entra dans le chœur, et le corps y fut déposé sur une estrade avec tous les attributs de la dignité pontificale.

Une Messe solennelle fut chantée.

Après la Messe, les prières et les cérémonies d'usage, on sortit du chœur, dans le même ordre qu'on y était entré. On s'avança processionnellement à la porte de l'Eglise où l'on chanta le *De Profundis* et tout ce qu'on récitait autrefois sur la tombe. Le plus profond recueillement régnait dans toute l'assemblée. Evêques, Prêtres et Fidèles, tous paraissaient animés des mêmes sentimens, tous pleuraient la perte d'un Pontife recommandable qui pouvait encore continuer de rendre pendant long-temps des services à la Religion.

Au sortir de l'Eglise, le cercueil fut placé dans le corbillard : une voiture de deuil dans laquelle monta le vénérable Curé de Saint-Nicolas, en surplis et en étole, marchait en avant.

L'Ordonnateur des convois, le Maître des cérémonies et les deux Officiers chargés de porter la mitre et la crosse, suivaient à pied le corbillard.

Les autres voitures de deuil paraissaient à la suite et fermaient la marche du cortège.

Le vénérable Curé de Montmartre, précédé

de la croix et accompagné de son Clergé, était descendu en surplis et en étole, jusqu'au bas de la montagne pour y recevoir le corps sur les limites de sa paroisse. Un grand concours de fidèles l'accompagnaient; tous savaient déjà qu'il s'agissait de l'inhumation de l'ancien Evêque d'Amiens, du bon Curé de Saint-André-des-Arcs à Paris, de l'ami, du père des pauvres. On entendait de toute part prononcer son nom avec un respectueux attendrissement : chacun aurait voulu ajouter quelque trait à son éloge. C'est au milieu de ces bénédictions du peuple que la dépouille mortelle du révérendissime Eléonore-Marie Desbois-de-Rochefort arriva sur le sommet de la montagne des Martyrs.

Le cortège rendu dans le chœur de l'Eglise, le vénérable Curé de Saint-Nicolas-du-Chardonnet adressa la parole à celui de Montmartre, et s'exprima dans les termes suivans : « Mon
» cher Confrère, je vous présente et vous
» remets dans ce cercueil le corps de feu mes-
» sire Eléonore-Marie Desbois-de-Rochefort,
» ancien Evêque d'Amiens. Je peux d'autant
» mieux vous rendre compte de sa vie, qu'il
» est mort sur ma paroisse, après avoir été mon
» condisciple et mon confrère en Sorbonne.

» J'y fus souvent témoin des nombreux succès
» qu'il obtint dans le cours de ses études. J'eus
» souvent lieu dans la suite d'admirer ses rares
» talens, sa grande érudition, sa mâle élo-
» quence, son ardente charité envers les pau-
» vres, son zèle pour la gloire de Dieu, toutes
» les vertus enfin qui le distinguèrent pendant
» sa vie. C'est à ces titres que je vous remets
» la dépouille mortelle de ce Pontife, en ré-
» clamant pour elle la sépulture honorable qui
» lui est due. »

Monsieur le Curé de Montmartre prit ensuite la parole et dit : « Monsieur le Curé et
» Messieurs, nous recevons avec respect le
» corps de messire Eléonore-Marie Desbois-
» de-Rochefort, ancien Evêque d'Amiens ;
» nous nous félicitons qu'il ait bien voulu fixer
» sa dernière demeure au milieu de nous. Le
» témoignage que vous venez de rendre à ses
» talens et à ses vertus, le choix qu'il a fait
» d'une terre arrosée du sang de saint Denis,
» premier apôtre de la France, pour lui confier
» sa dépouille mortelle, le désir qu'il a mani-
» festé de mêler ses cendres à tant de personnes
» distinguées qui dorment déjà du sommeil de
» la paix dans le lieu consacré à la sépulture

» des fidèles de cette paroisse, sont pour nous
» de sûrs garans des vertus qui le distinguè-
» rent dans toutes les carrières qu'il a parcou-
» rues. Nous regrettons sincèrement qu'il ait
» été enlevé à l'Eglise dans un temps et à un
» âge où il aurait encore pu rendre des services
» à la Religion. Chaque jour l'Eglise de France
» voit multiplier ses pertes ; ses anciens mi-
» nistres disparaissent du milieu de nous et peu
» d'élèves se présentent pour les remplacer.
» Que de motifs pour pleurer la perte que
» nous venons de faire à la mort de ce Prélat
» recommandable. Nous regardons comme un
» devoir pour nous, de lui accorder les hon-
» neurs dus à l'auguste dignité dont il fut re-
» vêtu pendant sa vie, et nous promettons de
» nous souvenir de lui devant le Seigneur
» long-temps après sa mort. »

Ce discours fini, on chanta les Vêpres des morts et autres prières accoutumées en pareil cas.

Le cortège se rendit ensuite au cimetière. Le corps déposé dans la fosse et les prières terminées, M. Mauviel, ancien Evêque de Saint-Domingue, prononça sur la tombe le discours suivant.

HOMMAGE

Rendu à la mémoire de M. Desbois-de-Rochefort, ancien Evêque d'Amiens.

Messieurs, mes chers et révérendissimes Collègues, je n'entreprendrai pas de terminer cette lugubre et touchante cérémonie en prononçant sur cette tombe l'éloge funèbre de l'homme vertueux, du Pontife vénérable dont nous pleurons aujourd'hui la perte; mais je considère comme un devoir pour moi de rappeler brièvement à l'honorable Assemblée le souvenir d'un grand nombre d'actions propres à honorer la mémoire de mon Collègue et de mon ami. Il est d'autant plus utile de les faire connaître qu'elles pourront, dans tous les temps, servir de modèle et d'encouragement à ceux qui auront à parcourir les diverses carrières que l'ancien Evêque d'Amiens a fournies avec honneur. Le simple récit que je vais en faire suffira, je l'espère, pour appeler sur sa dépouille mortelle les bénédictions de ceux qui m'entendront, et ce sont là sur-tout les fleurs que j'aspire à répandre en ce moment sur sa tombe.

Eléonore-Marie Desbois-de-Rochefort, né dans le sein d'une famille recommandable, dont la plupart des membres ont acquis des droits à l'estime publique par de nombreux services rendus à l'humanité, puisa de bonne heure dans la maison paternelle cet amour de la vérité, ce desir du bien, ce respect pour le malheur qui formèrent bientôt son caractère distinctif et dont il ne se départit jamais pendant les trente-quatre années qu'il consacra toute entières au soulagement des malheureux, au service de l'Eglise et de l'Etat.

Doué des talens les plus rares, on le vit, dès sa plus tendre jeunesse, briller au milieu de ses condisciples.

Sorti du collége pour entrer en Sorbonne, il s'y fit bientôt remarquer de ses nouveaux maîtres, moins encore par son application à profiter de leurs leçons, que par cette sagacité avec laquelle il fixait le vrai point de la question et tranchait le nœud de toutes les difficultés.

Des qualités aussi précieuses ne tardèrent pas à faire distinguer le jeune Desbois, et l'on ne douta plus, dans cette savante école, qu'il ne prît place un jour entre les hommes capables de défendre la Religion contre les attaques de l'incrédulité. A peine avait-il pris le bonnet de Docteur, que monsieur Crussol d'Amboise, alors Evêque de la Rochelle, fit tous ses efforts pour l'attacher à son Clergé, et le nomma son Grand-Vicaire et son Official.

Ses succès en entrant dans cette nouvelle carrière furent tels, qu'ils attirèrent bientôt sur lui tous les regards. L'Académie de la Rochelle, frappée des connaissances et des talens qu'il déployait dans l'exercice de ses fonctions, apperçut dans le nouveau Grand-Vicaire, un homme de lettres distingué, voulut le compter au nombre de ses membres, et le nomma son Chancelier.

Un petit nombre d'années s'écoulèrent et la Cure de Saint-André-des-Arcs à Paris, devint vacante. La Faculté de Médecine nommait à ce bénéfice. Cette Société célèbre comptait au nombre de ses Membres les plus distingués, M. Desbois-de-Rochefort, médecin de la Charité, mort trop jeune pour les progrès de l'art de guérir, et frère de celui que nous pleurons. Tous ses Confrères connaissaient les belles qualités du Grand-Vicaire de la Rochelle, ils le jugèrent, à la presqu'unanimité, capable de remplir le poste important auquel ils avaient à nommer, et s'empressèrent de le rappeler du fond de la province, pour le placer à la tête d'une des principales paroisses de la capitale.

Que fera M. l'abbé Desbois-de-Rochefort dans cette circonstance ? Renoncera-t-il aux avantages qui lui sont offerts dans la carrière où il est entré, à la perspective brillante qu'il a devant les yeux, pour venir se livrer tout entier aux pénibles fonctions d'un Pasteur du second ordre ? M. le Grand-Vicaire, M. l'Official voudra-t-il s'assujétir à distribuer journellement le pain de la divine parole aux fidèles, à visiter les malades, à soulager les indigens, à porter les secours et les dernières consolations de la religion aux mourans ? Ah ! c'est ici, Messieurs, c'est ici que nous devons perdre un instant de vue les talens de l'homme de lettres, l'érudition et la science du docteur, pour admirer sans partage les vertus éminemment pastorales du Curé de Saint-André-des-Arcs.

En arrivant dans sa Cure, le vénérable Desbois considère la réunion des habitans de sa paroisse comme une grande famille dont il devient le père; il envisage d'abord, en tremblant, la nombreuse série des devoirs que cette qualité lui impose; mais à côté des peines et des fatigues, il apperçoit beaucoup de bien à faire. A la vue de cette tâche difficile, mais glorieuse, il sent son courage s'enflammer, ses forces s'accroître; il invoque les ecours du Ciel, et se lance dans la carrière, dans la ferme résolution de la parcourir avec honneur.

Bientôt l'exercice du saint ministère le conduit dans les hôpitaux : il examine avec attention ces asyles de la souffrance, il descend dans les plus petits détails et note les nombreux abus qui rendent trop souvent ces sortes d'établissemens un fléau pour l'humanité. Il rédige des mémoires dans lesquels il censure tout ce qui lui paraît défectueux.

Il les met sous les yeux du Gouvernement, les publie par la voie des journaux; et l'article *hôpital*, dans l'Encyclopédie par ordre de matières, se compose sur-tout des matériaux qu'il fournit. De salutaires réformes s'opèrent; et tout le monde applaudit à la sagesse de ses vues, à la justesse de son esprit et aux belles qualités de son cœur.

Les lieux consacrés à la sépulture des fidèles offrirent ensuite à son zèle des abus d'un autre genre à combattre et à détruire. On avait conservé jusqu'alors le dangereux usage d'enterrer dans les Eglises ou dans des cimetières placés dans l'intérieur de Paris. On reconnaissait depuis long-temps les inconvéniens majeurs de renfermer ainsi les morts avec les vivans, et l'on convenait généralement qu'il n'était presque plus possible de se prosterner sur le pavé de nos temples ou de passer dans le voisinage des cimetières sans s'exposer au danger de respirer des exhalaisons nuisibles à la santé. Mais comment détruire de tels abus? La sépulture dans les Eglises donnait des revenus considérables aux Fabriques et au Clergé. Toutes les personnes jouissant de quelque considération et possédant un peu de fortune voulaient être enterrées dans telle ou telle Chapelle, pour n'être pas confondues, même après leur mort, avec le commun des fidèles. Cet usage remontait à la plus haute antiquité; il fallait donc s'attendre à rencontrer toute sorte d'obstacles quand il serait question de le détruire. N'importe : aux yeux du vénérable Curé de Saint-André, le respect dû aux morts ne doit compromettre en aucune manière la santé des vivans. S'il avait compté son intérêt pour quelque chose, il aurait voté, comme tant d'autres, pour le maintien des abus : il demande au contraire qu'on cesse d'enterrer dans les Eglises ; il démontre les inconvéniens d'un tel usage ; il provoque la suppression de tous les cimetières qui se trouvent dans l'intérieur de Paris ; il consigne ses vues sur cette matière dans l'article *cimetière* de l'Encyclopédie. Bientôt elles sont adoptées par le Gouvernement, et c'est à dater de cette époque que les lieux consacrés à la sépulture ont été portés hors des barrières, et qu'il n'a plus été permis de se faire inhumer dans l'intérieur des Eglises ou des villes.

Je passe sous silence plusieurs autres mémoires dont l'énumération serait trop longue, et je me contente d'observer qu'il n'en est aucun qui n'ait pour but de combattre quelque préjugé, ou de préparer quelqu'amélioration utile à l'Eglise, à l'Etat, ou aux pauvres.

Le Gouvernement sut distinguer un tel Pasteur ; et pour mieux mettre à profit son zèle et ses lumières, on l'engagea à passer chez nos voisins pour y visiter leurs établissemens de bienfaisance, et pour y recueillir tout ce qu'il y remarquerait de bon en ce genre. Tels furent, Messieurs, tels furent le but et le véritable motif du voyage et du séjour que M. Desbois-de-Rochefort, alors Curé de Saint-André, fit en Angleterre, sous le ministère de M. Néker.

Un Pasteur aussi éclairé ne pouvait ignorer que c'est sur-tout dans la fleur de la jeunesse qu'il faut préparer les fruits qu'on doit moissonner dans un âge plus avancé. Pénétré de cette vérité, M. Desbois établit dans sa paroisse des Filles de la Charité, dote cet établissement précieux de ses propres deniers; et, graces à ses soins et à sa vigilance, les enfans et les pauvres malades de cette paroisse reçoivent encore aujourd'hui, les uns l'éducation chrétienne, et les autres les secours et les consolations que leur distribuent habituellement ces vertueuses servantes de Jésus-Christ et des pauvres.

Ah! Messieurs, que ne puis-je vous raconter ici tout ce que son ardente charité lui inspira pour le soulagement des malheureux! Sa paroisse est grande et populeuse; mais aussi son activité est sans bornes, et sa prévoyance s'étend à tout. Rien ne lui échappe. Le nom et la demeure de tous les infortunés lui sont connus. Ses secours arrivent par-tout. Vous rappellerai-je ces hivers si rigoureux de 1784 et de 1788? Indépendamment des indigens secourus à domicile, une foule de malheureux assiégent sa porte et tombent dans sa maison, transis de froid. Les entrailles du bon Pasteur sont émues à ce triste spectacle qui déchire son cœur. Il fait aussitôt convertir en chaufoirs publics les principaux appartemens de son presbytère et plusieurs autres maisons dans l'arrondissement de son Eglise. Pendant toute la durée du froid, ces asyles sont jour et nuit remplis de pauvres et d'ouvriers manquant d'ouvrage, auxquels il fait distribuer du pain et de la soupe. Il donne tout ce qu'il possède : sa bibliothèque, son argenterie, sa montre, une tabatière en or et quelques autres bijoux sont vendus pour faire face à la dépense. Quand sa bourse est épuisée, il distribue lui-même les vêtemens formant sa garde-robe. Arrive bientôt le moment où il ne lui reste plus que ceux qu'il conserve sur son corps. Alors il donne ceux de ses domestiques, avec promesse de les remplacer dans des temps plus heureux. Membres de Jésus-Christ, pauvres de la paroisse Saint-André, que n'êtes-vous réunis en ce moment autour de cette tombe ! vos larmes et vos bénédictions feraient mieux que moi l'éloge du vertueux Prélat dont elle renferme la dépouille mortelle.

J'arrive à des temps de crise, Messieurs. Déjà la lutte s'engage, déjà le peuple Français est aux prises avec les privilégiés. Un *déficit* considérable a jeté la Cour dans l'embarras. Pour en sortir, elle sent la nécessité des réformes : la voix publique les appelle. Les plus sages dans la Noblesse, les Parlemens et le Clergé conviennent du besoin de faire des sacrifices à la paix et à la prospérité de l'Etat. Le plus grand nombre s'y refuse, et déjà la division règne dans tous les corps de l'Etat.

Au milieu de ces agitations, l'Assemblée constituante se réunit et sape tous les priviléges par leurs bases. La discipline extérieure de l'Eglise subit des modifications; les biens du Clergé sont mis à la disposition de la nation. Les membres de ce corps respectable cessent d'être unis : les uns pensent qu'on doit obéir aux puissances qui gouvernent, et prennent le parti de la soumission; les autres voient d'une manière contraire, et se refusent à l'obéissance.

Quelle fut, à cette époque, la conduite du vénérable Curé de Saint-André ? Il était richement partagé : il se trouvait à la tête d'une des principales paroisses de la capitale, et possédait plusieurs bénéfices simples d'un revenu considérable. Ce vertueux Pasteur prévoit des pertes prochaines : il se montre prêt à tous les sacrifices, et déclare « Qu'il
» n'appartient point à un Ministre de la
» Religion de s'immiscer dans l'administra-
» tion temporelle de l'Etat ; qu'il doit,
» comme Pasteur, l'exemple du désintéres-
» sement, de l'obéissance à César ; qu'il n'est
» appelé qu'à défendre la foi ; qu'il craint les
» suites des divisions qui règnent dans toutes
» les classes de la société ; qu'il fera, pour
» prévenir le mal, ce que beaucoup d'autres
» seront probablement trop heureux de
» faire un jour pour aider à le réparer ; que-

» sa soumission sera sincère et parfaite tant
» qu'il aura l'espoir de conserver le précieux
» dépôt qu'il a promis de défendre ; qu'il
» continuera enfin de veiller sur le troupeau
» qui lui a été confié, et qu'il se ferait un
» crime de l'abandonner dans de telles cir-
» constances ».

Déjà la plupart des anciens Evêques avaient pris le parti de la retraite : leur éloignement menaçait la France entière d'un bouleversement religieux. Nos frères dissidens s'agitaient jusqu'au sein de l'Assemblée constituante, pour substituer à la Religion catholique la réforme de Luther et de Calvin; et les fidèles allaient demeurer sans Pasteurs et sans guides, si tous les membres du Clergé avaient suivi l'exemple de la majorité des Evêques.

C'est au milieu de ces réflexions et dans l'exercice des fonctions du ministère pastoral que le vénérable Desbois apprend son élévation sur le siége d'Amiens. Hélas ! il était loin d'ambitionner un poste qui devait lui susciter dans la suite tant de persécutions. Dans des temps plus heureux, l'infortuné Louis XVI l'avait lui-même inscrit au nombre des candidats pour l'Episcopat ; mais on ne vit jamais le Curé de Saint-André-des-Arcs dans l'antichambre ou dans le cabinet du ministre de la feuille, pour solliciter son suffrage et sa faveur.

Que va-t-il faire dans ce moment critique ? Se montrer fidèle à ses principes. Il n'a rien demandé, rien sollicité. On lui apprend cependant son élection ; on lui représente qu'un grand diocèse va manquer de premier Pasteur, s'il ne se trouve un homme assez courageux pour défendre un poste abandonné. Alors, M. Desbois-de-Rochefort cède à la nécessité, accepte sa nomination, monte sur le siége de son Eglise, invite son prédécesseur à revenir, et déclare hautement à tout le diocèse, qu'il en descendra dès que le respectable M. de Machaud voudra et pourra reprendre ses fonctions.

Plein de respect pour le Saint-Siége et pour le père commun de tous les fidèles, il lui rend compte de sa foi, lui déclare qu'il veut vivre et mourir dans sa communion, et sollicite avec instance sa bénédiction apostolique. Tels furent, Messieurs, les sentimens dont le vénérable Desbois fut toujours animé ; et c'est dans ces saintes dispositions qu'il vient de terminer son honorable carrière.

A peine fut-il rendu dans son diocèse que quelques anciens Chanoines refusent de communiquer avec lui. Le vertueux Evêque apprend qu'ils sont dans la détresse. « Dans de telles circonstances, dit-il, il faut leur pardonner ce mouvement de mauvaise humeur et venir à leur secours. » Il les supplie d'accepter une partie de ses revenus, et se réjouit de ce qu'ils veulent bien du moins lui donner cette marque de communion.

Dieu connaît la pureté de ses intentions

et bénit ses efforts. Ses premiers pas dans la carrière de l'Apostolat sont marqués par d'éclatans succès. Il s'annonce en tous lieux comme un ange de paix. Par-tout où il passe il laisse des traces de ses bienfaits. Tout le monde vient à lui, et lui tend les bras. L'ordre et la tranquillité règnent dans toutes les parties de son vaste diocèse.

Malheureusement, Messieurs, ces beaux temps furent de courte durée. L'Assemblée constituante termine ses travaux, laisse la France en proie aux factions; et le Corps législatif, qui la remplace, renverse l'ouvrage qu'il était appelé à défendre et à conserver.

Notre vénérable Prélat gémit avec tous les gens de bien, sur les maux sans nombre qui fondent à la fois sur l'Eglise et sur l'Etat. Il continue ses fonctions au milieu de mille dangers, et n'attend plus que le moment de consommer son sacrifice.

Une loi enlève aux Curés le droit de constater les naissances, mariages et décès. L'Evêque d'Amiens publie aussitôt une Lettre pastorale, dans laquelle, en recommandant aux Prêtres de son diocèse la soumission la plus entière, il les engage à établir dans chaque paroisse des registres de catholicité, et à tenir des notes des baptêmes, des bénédictions nuptiales et des sépultures chrétiennes. Il croit devoir se prononcer dans la même Lettre en faveur de l'indissolubilité du mariage contracté entre catholiques.

Cette pièce devient le signal d'une persécution atroce : le procureur-syndic du département s'en empare ; et, dans un réquisitoire qu'on prendrait aujourd'hui pour une harangue prononcée dans un comité révolutionnaire, il provoque le fameux arrêté du 19 février 1793, contre le Mandement de l'Evêque d'Amiens, *et son envoi à la convention nationale et au ministre de l'intérieur, pour servir et valoir de dénonciation.*

La Convention nationale s'était rassemblée sous les plus funestes auspices. L'horison politique se couvre de plus en plus d'un nuage épais. La tempête éclate. La foudre frappe les premières têtes de l'Etat. Les factieux une fois maîtres du pouvoir, l'anarchie dévore la France et la couvre d'échafauds.

Pour anéantir la Religion, la plupart des pro-consuls, répandus dans les départemens, proscrivent les Evêques et les Prêtres, quand ils ne peuvent venir à bout de les déshonorer par une lâche et criminelle apostasie. Tout est mis en œuvre pour arracher cette honteuse démarche au courageux Evêque d'Amiens. Il reste inébranlable au milieu de la tempête. Pour l'en punir, on fait revivre la dénonciation portée contre sa Lettre pastorale ; on le traite de contre-révolutionnaire ; on le jette dans les prisons ; et avec qui, grand Dieu ! ô comble de l'infamie !

avec d'infâmes prostituées. Le vénérable Prélat est sur-tout sensible à ce rafinement de cruauté. Il s'empare d'un coin de son cachot : un regard de mépris en éloigne ces créatures impures qui osent à peine lever les yeux devant lui, et demeurent respectueusement sur les limites qui les séparent de la vertu. Le malheur et la manière dont il le supporte, le rendent bientôt un objet de vénération pour tous ses compagnons d'infortune. La sérénité brille sur son front; et sa contenance apprend à ses persécuteurs qu'il existe encore des hommes capables de marcher au martyre, et de se réjouir d'avoir été jugés dignes de souffrir pour le nom de Jésus-Christ. Vingt-deux mois s'écoulent, et le saint Confesseur sort enfin de son cachot aussi pur que l'or sort du creuset.

Robespierre, ayant terminant sa coupable vie sur le même échafaud où il fit monter tant de victimes innocentes, il est enfin permis à l'homme de bien de respirer. L'aurore d'un jour plus heureux commence à luire sur la France. A peine l'Evêque d'Amiens voit tomber ses chaînes qu'il reprend ses augustes fonctions, réorganise son diocèse, et publie un Mandement qu'on pourra toujours citer comme un modèle capable d'honorer les plus grands Evêques des beaux siècles de l'Eglise.

Au reste, ce n'était pas assez pour un tel Apôtre d'avoir réorganisé le culte et le gouvernement ecclésiastique dans le département de la Somme. Nouvel Esdras, il songe à réunir les pierres dispersées du Sanctuaire et à relever sur ses bases antiques l'Eglise gallicane toute entière. Pour y réussir, il se rend à Paris, provoque la réunion du petit nombre de ses Collègues qui s'y trouvent momentanément comme lui. Quelques vénérables Prêtres se joignent à eux, et bientôt ils publient la première et la seconde Encycliques, qui sont reçues dans toute la France et dans plusieurs Eglises étrangères comme des chef-d'œuvres, et qui seront un jour inscrites avec éloges dans les Annales de la catholicité. C'est encore de cette même réunion que sortent les premières Lettres pastorales publiées immédiatement après la persécution, et qui portent toutes l'empreinte de la piété, de la science et d'un dévouement sans bornes aux intérêts de l'Eglise et de l'Etat.

Dans un temps où l'athéisme levait audacieusement la tête et faisait gémir toutes les presses, il convenait d'en consacrer au moins une à la défense de la Religion. Le courageux Desbois prévoyait sans peine les dangers d'une semblable entreprise dans de telles circonstances. N'importe : il lui suffit que l'utilité de cet établissement soit démontrée pour qu'il s'empresse de le former. Il sacrifie donc le reste de sa fortune pour fonder l'imprimerie-librairie chrétienne, et fait paraître de suite les Annales de la Religion, ouvrage dans lequel on ira puiser un jour une multitude de pièces intéressantes qui s'y trouvent déposées, et qui formeront autant de matériaux précieux pour l'histoire de l'Eglise. La maison du vénérable Desbois devient un centre de réunion et de correspondance pour tout ce qui peut intéresser la Religion. Plusieurs fois les scellés sont apposés sur ses presses; et la plupart des personnes qui m'entendent se souviennent encore des tracasseries amères que la guerre franche que nous faisions aux théophilantropes et aux partisans du décadi, attira plus d'une fois au Prélat que nous pleurons.

Un Concile national avait été convoqué dès le principe de la réunion de plusieurs Evêques à Paris. Il s'assembla publiquement dans cette capitale, sous les yeux même des persécuteurs qui frémissaient à la vue d'une telle réunion. Ses canons et décrets furent publiés. Insensiblement l'opinion publique s'améliorait. On rendait les Eglises à leur destination primitive. Par-tout les Pasteurs reprenaient leurs fonctions; et chaque jour le vénérable Evêque remerciait le Seigneur d'avoir béni ses efforts en accordant des succès aux saintes entreprises formées par lui et par ses Collègues dans l'Episcopat.

C'est encore par leurs soins qu'un second Concile national fut convoqué et réuni dans le desir de rallier aux mêmes principes tous les partis, pour jeter les fondemens d'une paix solide dans l'Eglise, et pour guérir enfin, s'il était possible, tous ses maux.

Les prières et les gémissemens des fidèles serviteurs de Dieu sont entendus du Père des miséricordes. L'homme de la Providence paraît. Le héros du siècle nous est rendu. Napoléon est de retour de l'Egypte. O ma patrie ! jette un voile sur le passé : tes longs malheurs touchent à leur terme. Ce nouveau Cyrus va briser tes chaînes, et te préparer de longues et de brillantes prospérités.

Le Gouvernement français et le Saint-Siége arrêtent de concert le plan d'un nouveau Concordat : tous les partis vont s'y soumettre. Les vœux du dernier Concile sont remplis. Il se sépare dans l'espérance de voir bientôt régner la paix et l'union dans l'Eglise gallicane.

Pour préliminaires à la publication de la loi nouvelle, on demande la démission de tous les Evêques anciens et nouveaux. Fidèle aux principes de soumission manifestés dès le commencement, l'Evêque d'Amiens donne la sienne ainsi que tous ses Collègues. Toujours animé du desir de la paix, il se soumet de cœur et d'esprit au nouvel ordre de choses, même après avoir irrévocablement pris le parti de la retraite, et ne demande plus pour dernière grace au Seigneur qu'une réunion franche et loyale entre tous les membres de l'Eglise.

Je viens de vous tracer, Messieurs, un abrégé rapide de la vie d'Eléonore-Marie Desbois-de-Rochefort, ancien Evêque d'Amiens, dont la dépouille mortelle va reposer ici en attendant le jour de la résurrection. Je dois encore vous attester en finissant que ce Prélat est mort comme il avait vécu. Sa vie toute entière fut consacrée au soulagement des malheureux. Les pauvres se ressentiront encore de ses bienfaits après sa mort. Par son testament, il lègue une somme d'argent à la maison des Filles de la Charité qu'il avait établies dans la paroisse Saint-André-des-Arcs.

Plein de confiance dans les prières de l'Eglise, il ordonne, dans un article de ce même testament, qu'un annuel de trois cent soixante-cinq Messes soit fondé à perpétuité dans l'Eglise de Saint-Séverin, pour le repos de son ame.

Tous ses débiteurs ont un an pour se libérer envers sa succession ; et sa dernière volonté est qu'on n'exerce contr'eux aucune poursuite judiciaire.

Ces dispositions et ces dernières lignes, tracées de sa propre main, sont l'expression de son cœur et de son ame. Elles peignent au naturel le bon Curé de Saint-André, le vertueux Evêque d'Amiens. Je ne me permettrai pas d'y ajouter une seule réflexion. Il me serait impossible de mieux terminer son éloge.

Pour nous, mes chers et bien aimés Collègues, nous sommes aussi tous rappelés dans cet acte de sa volonté dernière ; et, de la manière la plus touchante, il nous y invite à l'accompagner jusqu'au lieu de sa sépulture. Ah! révérendissimes Evêques, nous ferons plus : nous le suivrons en esprit jusqu'au pied du trône de l'Eternel. Nos prières monteront comme un encens d'agréable odeur jusques devant le tribunal du Souverain juge, pour fléchir sa justice. Nous ne nous regarderons pas comme séparés de notre ancien Collègue, nous serons toujours unis avec lui par la Communion des Saints. Nous offrirons, pour lui et pour ceux de nos Collègues qui nous ont dévancés dans le tombeau, le Sacrifice de la Victime Sainte. Il intercédera pour nous devant le Seigneur; et nous nous consolerons de son absence par l'espérance de le retrouver bientôt dans les régions éternelles.

O mon Dieu! ne soyez pas sourd aux prières de vos fidèles serviteurs! jetez un regard de miséricorde sur notre vénérable Collègue Eléonore-Marie Desbois-de-Rochefort. Souvenez-vous qu'il fut le protecteur de la veuve, le consolateur des affligés, le père des orphélins, le défenseur des opprimés. O mon Dieu! daignez lui tenir compte des efforts qu'il a faits pour défendre la vérité, des persécutions qu'il a souffertes pour la cause de Jésus-Christ, de ses nombreux travaux en faveur de l'Eglise, des abondantes aumônes qu'il a versées dans le sein des pauvres, et lui accorder dans le séjour de la gloire cette couronne de justice que vous réservez pour le serviteur fidèle qui combat généreusement, qui marche à son but, sans jamais regarder en arrière, et conserve le dépôt de la foi au milieu des plus grands périls. *Requiescat in pace. Amen.*

L'orateur s'est ensuite tourné vers les deux Curés, et leur a adressé les paroles suivantes :

Vénérables Pasteurs, je vous remercie en mon propre nom, au nom de tous mes Collègues ici présens, et des Parens de feu Eléonore-Marie Desbois-de-Rochefort, ancien Evêque d'Amiens; je vous remercie, dis-je, du zèle que vous avez mis à lui rendre les derniers devoirs d'une manière solennelle et convenable à la plénitude du sacerdoce dont il était revêtu. La décence que vous avez fait régner dans tout le cours de cette pieuse et touchante cérémonie nous a remplis d'édification, et nous a pleinement confirmés dans l'opinion favorable que nous avions conçue de vos vertus pastorales.

Vous savez sans doute, vénérables Pasteurs, que la majeure partie du territoire de l'ancienne paroisse de Saint-André-des-Arcs, fait aujourd'hui partie de la paroisse de Saint-Séverin. Tel est sans doute le motif qui a porté notre défunt Collègue à fonder dans cette dernière Eglise un annuel de trois cent soixante-cinq Messes à perpétuité pour le repos de son ame.

Je dois vous apprendre que, par un autre article de son testament, il invite ses héritiers et son exécuteur testamentaire à faire dire des Messes pour lui après son décès dans l'Eglise de sa paroisse et dans celle du lieu de sa sépulture. Comptez, vénérables Pasteurs, comptez que cet article sera, comme les autres, fidèlement exécuté. En attendant, je recommande à vos prières celui qui fut, dans la carrière de l'Apostolat, mon guide, mon collègue et mon ami.

ÉPITAPHE placée sur la tombe d'Eléonore-Marie Desbois-de-Rochefort.

Hic jacet reverendissimus vir Eleonora-Maria Desbois-de-Rochefort.

Hunc sacra peritum doctorem sorbonicum Theologia,

Dignum generalem vicarium diœcesis rupellensis,

Cancellarium ejusdem urbis Academia,

Insignem parochum Parisiorum civitas,

Strenuum, impiá sœvienti tyrannide, pontificem ambianum,

Invictum militem christiana fides,

Indefessum propugnatorem apostolica disciplina,

Fidum amicum vir probus,

Benevolum verò animadversorem malus,

Providum habuit patrem magna pauperum multitudo.

Commilitonem in perpetuum per ea quæ ab illo supersunt exempla, scripta nec non et legata ecclesia militans habebit.

Socium jam habeat ecclesia triumphans.

AMEN.

Hoc ultimo amoris gratitudinis que pignore lugentes tumulum ejus ornaverunt pia mater, soror, fratrum sororisque progenies.

Obiit die quintâ septembris anno 1807, ætatis vero suæ 58.

G. MAUVIEL,
ancien Évêque de Saint-Domingue.

www.ingramcontent.com/pod-product-compliance
Lightning Source LLC
Chambersburg PA
CBHW061013050426
42453CB00009B/1409